Wuppertal

lieben lernen

*Der perfekte Reiseführer für einen unvergessli-
chen Aufenthalt in Wuppertal inkl. Insider-Tipps
und Packliste*

Janina Apostel

✈ INHALT

Das erwartet Sie in diesem Buch   1

Wuppertals Entwicklung   4

Wer wohnt in Wuppertal?   13
Religionen   13
Politik   14

Die schönsten Orte in Wuppertal   16
Die Schwebebahn   16
Die Nordbahntrasse   19
Die Historische Stadthalle   22
Das Von-der-Heydt-Museum   25
Der Wuppertaler Zoo   27
Der Skulpturenpark   32
Der Heckinghauser Gaskessel: 35
Schloss Lüntenbeck   38
Der Von der Heydt-Turm   40
Der Toelleturm   41
Der Weyerbuschturm   44
Der Vorwerkpark   45
Der botanische Garten   47
Der Beyenburger Stausee   48

Insider-Tipps 52

Internationale Küchen in Wuppertal 53

Wo finden Sie die besten Burger in der Stadt? 56

Wo finde ich die beste Currywurst? 56

Welcher ist der beste Imbiss? 57

Wo gibt es das beste Bier in Wuppertal? 57

Tipps für den kleinen Geldbeutel 65

Abschließende Worte 72

Packliste 74

Das erwartet Sie in diesem Buch

Wollen Sie eine neue Stadt erkunden und sich vorab schon einmal ein Bild von dieser machen? Brauchen Sie Insidertipps von einer Person, die sich sehr gut in dieser Stadt auskennt und Ihnen die wichtigsten Details vorher schon preisgibt? Dann haben Sie mit dem Kauf dieses Buches den ersten Schritt in die richtige Richtung auf der Reise in Ihr neues Abenteuer gemacht. Ich möchte Ihnen einen kleinen Vorgeschmack auf die wunderschöne Stadt Wuppertal geben. Zunächst wird es in diesem Buch ein Kapitel zu den wichtigsten Punkten der Wuppertaler Geschichte geben, die Sie zum Teil an den in den folgenden Kapiteln vorgestellten Sehenswürdigkeiten wiederfinden und dann besser verstehen können. Wie ist Wuppertal überhaupt entstanden? Warum ist ein Elefant aus der Schwebebahn gesprungen? Fußball in der ersten Bundesliga? Wie sind die Menschen heute im Vergleich zu früher und wie ticken sie? Das sind alles Fragen, mit denen sich der erste Teil dieses Buches befasst.

Es wird jedoch nicht nur um geschichtliche Aspekte gehen. Im Vordergrund sollen besondere Orte in Wuppertal stehen, die Sie auf jeden Fall besuchen sollten. Ich stelle Ihnen Sehenswürdigkeiten und Plätze in Wuppertal vor, die man gesehen haben muss, wenn man einmal hier ist. Wo gibt es die beste Currywurst? Wo das beste Bier? Wo ist die Aussicht auf das Tal besonders schön?

Nicht zu vernachlässigen sind natürlich Tipps und Ideen für den kleinen Geldbeutel. Es gibt genügend Möglichkeiten, in Wuppertal interessante Dinge zu sehen und zu erleben, ohne viel Geld ausgeben zu müssen.

Egal, ob Sportfans, Geschichtsliebhaber, Natur-
freunde, Städtebummler oder Familien, die mit ihren Kindern hierher kommen – es ist für jeden etwas
dabei. Ich wünsche Ihnen viel Spaß und Freude bei
Ihrem neuen Abenteuer in Wuppertal.

Wuppertals Entwicklung

Vorab sei an dieser Stelle erwähnt, dass Wuppertal um 1930 aus Elberfeld und Barmen zusammengefügt wurde und im weiteren Verlauf noch Stadtteile, wie z. B. Rosdorf, Cronenberg, Vohwinkel und Beyenburg dazu gekommen sind.

Bis 1975 sind dann noch die Flecken Dornap, Schöller, Dönberg und einige Flächen im Norden dazu gekommen. Im Dezember 2018 lebten 354.382 Menschen in Wuppertal auf einer Fläche von 168,39 km² (Quelle: Wikipedia).

Einmal quer durch die Stadt über 30 km von Osten nach Westen fließt ein kleiner Fluss, die Wupper.

In einer Stadt vor unserer Zeit, um 1527, erwirtschafteten ein paar Bewohner aus Barmen und Elberfeld ein Monopol, um Flachsgarn bleichen und zwirnen zu dürfen. Dies durfte zu der Zeit nur in Wuppertal stattfinden. Vorteilhaft dafür waren der hohe Niederschlag, der etwa der doppelten Menge des Niederschlags in Köln entsprach, und der Wasserreichtum der Wupperwiesen.

Das Garn wurde in anderen Städten (z. B. Bielefeld und Kassel) gekauft, anschließend gebleicht und dann wurde die Ware auf regionalen und überregionalen Märkten (bis nach Amsterdam) verkauft.

Das Geschäft lief gut und weitere Textilgewerbe entwickelten sich rasch. Nun wurden in Wuppertal auch reichlich Borten, Bänder und Litzen hergestellt und verkauft.

In Cronenberg hingegen entwickelte sich nach und nach das Eisengewerbe durch die Ausbeutung lokaler Erzgruben und der anschließenden Verhüttung des Erzes. Jedoch verlagerte sich die Herstellung rasch von der Handschmiede zu wasserbetriebenen Hammerwerken und Schleifsteinen.

Um 1650 bewohnten ca. 1200 Menschen Elberfeld und knapp 1000 Menschen Barmen. Im Jahre 1687 brannte Elberfeld nahezu komplett nieder und schon im Jahr 1707 konnte die Einweihung eines neuen Rathauses gefeiert werden. Nach dem Aufbau kamen viele Zuwanderer, da Wuppertal viele Arbeitsplätze bot und offen für neue Innovationen war. In Elberfeld gab es nun die ersten Färber und somit wurden auch zunehmend Baumwolle, Seide und Mischgewebe verarbeitet. Die Stadt war nicht nur offen für neue Textilverarbeitungsmöglichkeiten, sondern auch für die Kirchenreform. Zwischen zahlreichen Gemeinden und Konfessionen verlief das Miteinander weitestgehend konfliktfrei.

Die Französische Revolution brachte einen Wirtschaftlichen Boom ins Tal. Wuppertal konnte verkaufstechnisch die Märkte übernehmen, die die Franzosen vernachlässigen mussten. Durch den Wiener Kongress wurde das gesamte Rheinland mit samt Wuppertal und seinen 40000 Einwohnern preußisch. Unter dem Druck der englischen Konkurrenz und durch die Folgen der Kriege erholte sich die

Wirtschaft nur langsam. Um 1820 wurde dann die erste Dampfmaschine aufgestellt. Weitere Maschinen zur Textilproduktion folgten schnell, neue Fabriken entstanden und der Handel wuchs wieder. Wuppertal wurde zu einem frühindustriellen Zentrum. Da die Dampfmaschinen viel Kohle benötigten, wurde die Gewinnung im südlichen Rheingebiet gefördert und somit der Bau einer sogenannten Kohlebahn vorangetrieben.

1847 gab es dann eine Kohlebahn von Düsseldorf bis Wuppertal-Vohwinkel. Der weitere Ausbau des Schienennetzes ging zügig voran und gab wichtige Impulse für den Bergbau und die Eisenindustrie an der Ruhr.

Mit der Industrialisierung kamen auch immer mehr Zuwanderer in das Tal. Es gab zwar viele Arbeitsplätze, jedoch waren diese nicht gut bezahlt und oftmals unsicher. Der Lohn reichte oft nicht für die Familien, Kinderarbeit war verbreitet und wurde erst 1839 gesetzlich vermindert. Die schlechten Bedingungen und Umstände, mit denen die Arbeiterklasse zu leben hatte, wurden besonders eindrücklich von Friedrich Engels, einem Barmer Fabrikantensohn, geschildert. Die mangelhaften Zustände sorgten unter den Arbeitern immer mehr für Spannungen. Die Bürger bildeten erste politische Klubs und im Mai 1849 kam es in Elberfeld zu einem bewaffneten Aufstand. Die Aufständischen regierten eine Woche lang, bis die Erhebung in sich zusammenbrach. In Barmen hingegen blieb es ruhig.

Das Bürgertum widmete sich jetzt vermehrt der Industrie. Diese wurde weiter ausgebaut und aus dem Textilgewerbe wurde die chemische Industrie. 1863 fand die Gründung der Farbwerke Bayer in Barmen statt. Ebenso wuchs die Herstellung von Teppichen, Stoffen für Möbel, Konfektionswaren, Papier, Knöpfen, Nahrungsmitteln und vielem mehr.

Die Teile des heutigen Wuppertals wurden zum größten industriellen Sektor in   Westdeutschland. Weitere bedeutende Firmen neben Bayer waren noch Vorwerk und die Ibach Klavierfabrik. 1839 wurde in Barmen die elektrische Bergbahn gebaut, von der heute nicht mehr viel erhalten ist. 1901 eröffnete dann das heutige Wahrzeichen der Stadt – die Wuppertaler Schwebebahn mit einer Streckenlänge von 13,3 km und einer Höchstgeschwindigkeit von 60 km/h. Der eigentliche Name der Hochbahn lautet „Einschienige Hängebahn- System Eugen

Langen". Eugen Langen gab ihr schließlich den Namen Schwebebahn. Des Weiteren wurden erste Museen, Theater und Stadthallen in Barmen und Elberfeld gebaut. 1930 kam es zur großen Vereinigung und das neue Gebilde wurde Wuppertal genannt. Die Konkurrenz zwischen Barmen und Elberfeld bestand weiterhin.

Während des Zweiten Weltkrieges vernichteten zwei Luftangriffe die beiden Zentren nahezu komplett. Jedoch erholte Wuppertal sich nach Ende des Krieges und der Währungsreform sehr schnell wieder. Kulturelle Glanzpunkte sind nach wie vor das Von-der-Heydt-Museum (1902), die Wuppertaler Oper (1905), das Schauspielhaus (1964) mit der Tanzkompanie Pina Bausch, die Wuppertaler Stadthalle (1900) und die Gesamthochschule (heutige Bergische Universität; 1972). Durch Modernisierungen kamen noch die Rathausgalerie, die City-Arkaden und der neue Vorplatz des Hauptbahnhofes in Elberfeld dazu.

Die bekanntesten Sportvereine aus Wuppertal sind der Bergische Handball-Club (BHC) und der Wuppertaler Sportverein (WSV). Derzeit spielt der BHC in der Handballbundesliga. Der WSV hat 1972 in der ersten Bundesliga gespielt, ein Jahr später sogar beim UEFA-Cup. 2013 kam es dann zur Insolvenz und der Verein musste aus der vierten Liga absteigen.

Musik über Wuppertal wurde seit dem Jahr 1970 von den Strikspöen (hochdeutsch: Streichhölzer) gemacht. Sie sind eine Wuppertaler Mundart-Gruppe und haben sich auch oft als „Jongens aus'm Tal" (Jungen aus dem Tal) bezeichnet. Kopf der Gruppe war Paul Decker, welcher heute als Wuppertaler Original gilt.

Die wohl berühmteste Wuppertaler Geschichte ist die Geschichte der Elefantendame Tuffi, die aus der Schwebebahn sprang. Für alle, die diese Geschichte noch nicht kennen, hier eine Kurzfassung: Tuffi wurde 1949 vom deutschen Zirkus Franz Althoff gekauft. Sie hatte keine Angst vor fremden Menschen oder Städten, sodass sie für eine Werbeattraktion für den Zirkus eingesetzt wurde. Sie nahm in verschiedenen Städten an unterschiedlichen Aktionen teil. Sie fuhr mit der Straßenbahn, trank aus Weihwasserbrunnen, machte eine Hafenrundfahrt und transportierte Bierkästen. 1950 war der Zirkus in Wuppertal zu Gast.

Nach einigen Problemen mit den Behörden wurde jedoch eine Schwebebahnrundfahrt mit dem Elefanten genehmigt. Am 21. Juni 1950 bestieg Tuffi mit ihrem Begleiter Franz Althoff einen Schwebebahnwagen an der Station Alter Markt (in Richtung Vohwinkel).

Durch die ganzen Journalisten war die Schwebebahn überfüllt. Als Tuffi sich umdrehen wollte, brach ein Sitz unter ihrem Gewicht, woraufhin noch mehr gedrängt und geschubst wurde. Dann durchbrach die Elefantendame die Seitenwand der Schwebebahn und stürzte in die Wupper. Sie erlitt nur ein paar kleine Wunden am Hintern und blieb sonst unverletzt.

Heute sieht man, wenn man mit der Schwebebahn fährt, an dieser Stelle einen Elefanten auf die Hauswand gemalt (von der Malerin Erika Nagel).

Das Wuppertaler Stadtwappen zeigt „in Silber einen zweigeschwänzten roten Löwen, auf zwei goldenen Garnsträngen stehend, blau bewährt und blau gekrönt, welcher einen schwarzen Rost hält".
Der Bergische Löwe steht auf zwei Garnbündeln, die ein Gewerbezeichen darstellen und an die Textilindustrie Wuppertals erinnern. Der Rost ist das

Symbol des Schutzheiligen St. Laurentius, der auf einem glühenden Eisenrost hingerichtet wurde und als Märtyrer starb. Er gilt als Schutzpatron aller Berufsgruppen, welche mit dem offenen Feuer zu tun haben, wie beispielsweise Bierbrauer, Textilreiniger, Bäcker, Feuerwehrmänner und Köche.

Zudem besteht in Wuppertal eine Laurentiusbruderschaft. Das ist eine geistliche Gemeinschaft, die sich Fraternitas Sancti Laurentii e.V. nennt. Die Gemeinschaft bemüht sich um die Vertiefung des Glaubens und widmet sich den leiblichen und geistlichen Werken der Barmherzigkeit.

Wer wohnt in Wuppertal?

RELIGIONEN

Im Dezember 2018 hatte die Stadt Wuppertal 354.382 Einwohner und eine Bevölkerungsdichte von 2.105 Einwohnern pro km^2. Etwa 26 % (92.704) der Wuppertaler gehören der evangelischen und ca. 20 % (73.400) der römisch-katholischen Kirche an. 50 % gehören einer anderen Religion oder Konfession an oder waren konfessionslos. Wuppertal gilt als die Stadt mit der größten Zahl an unterschiedlichen Religionen, Gemeinden, Konfessionen und Sekten in Deutschland. Heute gibt es im Tal 30 evangelische, 27 katholische (3 orthodoxe) und 21 freikirchliche Gemeinden sowie 20 Moscheen und zwei Synagogen. Es sind in etwa 80 verschiedene Glaubensgemeinschaften mit hunderten von Gemeinden vorhanden. Zudem gibt es noch viele weitere religiöse Einrichtungen wie Missionen, Krankenhäuser, Kindergärten, Schulen und Verlage. Im sozialen Bereich sind die Kirchen sehr von Bedeutung.

POLITIK

Der Stadtrat in Wuppertal besteht aus 66 Ehrenamtlichen, die bei einer Kommunalwahl (zuletzt im Jahr 2014) gewählt wurden und aus dem Oberbürgermeister (derzeit Andreas Mucke von der SDP), welcher der Vorsitzende ist. Die Sitzverteilung im Wuppertaler Stadtrat setzt sich derzeit wie folgt zusammen: CDU (19), SPD (19), Grüne (10), Linke (5), FDP (4), WfW (3), AfD (2), pro NRW (2), Rep (1). Seit Ende November 2018 kooperieren Bündnis 90/die Grünen und die CDU miteinander. Die nächste Oberbürgermeisterwahl findet im Jahr 2020 statt. Die Stadt besteht aus zehn Stadtbezirken und die gewählten Stadtteilparlamente bestehen aus 15 bis 19

Mitgliedern, welche eine fünfjährige Amtszeit haben und dann neu gewählt werden müssen. Die Wuppertaler Verwaltung ist in fünf Dezernate unterteilt, welchen jeweils unterschiedliche Ämter zugeteilt sind. Die Ämter gelten als unterste Organisationseinheiten der Verwaltung. Geschäftsbereich 0 ist der Geschäftsbereich des Oberbürgermeisters. Geschäftsbereich 1 beschäftigt sich mit den Ämtern Stadtentwicklung, Bauen, Umwelt und Verkehr. Geschäftsbereich 2 beinhaltet Soziales, Jugend, Schule, Integration, Sicherheit und   Ordnung sowie Kultur und Sport. Im dritten Geschäftsbereich findet man Bürgerbeteiligung, Recht, Beteiligungsmanagement und E-Government. Im vierten und letzten Geschäftsbereich sind die zentralen Dienstleistungen angesiedelt.

Die schönsten Orte in Wuppertal

DIE SCHWEBEBAHN

Wer in Wuppertal zu Besuch ist, darf sich eine Fahrt mit der Schwebebahn auf keinen Fall entgehen lassen. Die Schwebebahn ist eigentlich gar keine Schwebebahn, da sie ständig in Kontakt mit dem Fahrweg ist, anders als eine Magnetbahn. Außerdem ist das Fahrwerk starr, sodass sie auch keine Seilschwebebahn ist. Aus technischer Sicht ist die

Schwebebahn also eine Einschienenbahn. Der Verordnung nach ist sie außerdem eine Straßenbahn besonderer Bauart (wie eine U-Bahn). Der Erfinder gab ihr jedoch den kurzen Namen Schwebebahn. Sie ist das Wahrzeichen Wuppertals, welches seit 1997 unter Denkmalschutz steht. Sie fährt von Nord-Osten nach Süd-Westen durch die Stadt. Die Länge der Strecke misst ca. 13 km, die Gleislänge jedoch 28 km.

Die ersten 10,6 km fährt die Schwebebahn in ca. 12 Metern Höhe über der Wupper. Ab der Station Stadion Zoo/Stadion lässt sie die Wupper neben sich und fährt die restlichen Kilometer zur Endhaltestelle in Vohwinkel über der Straße. Im Gegensatz zur Strecke über der Wupper weist die Strecke über der Straße eine Steigung auf, die maximal vier Prozent beträgt. Auf den zwei Richtungsgleisen fährt sie im Rechtsverkehr. Die Gleise verlaufen durchgehend zweigleisig im Abstand von etwa vier Metern. Die Fahrzeit auf der Gesamtstrecke (eine Fahrtrichtung) beträgt eine halbe Stunde.

Wenn man einmal wieder bis zum Anfangspunkt fahren würde, wäre man etwa eine Stunde unterwegs. Jedoch kann man nicht mit durch die Wendeschleifen fahren, sondern muss an den jeweiligen

Endhaltestellen aussteigen, die Seite wechseln und wieder einsteigen. Im Jahr werden rund 24,8 Millionen Fahrgäste verzeichnet. An Werktagen werden täglich durchschnittlich 82.000 Menschen befördert, wovon jeder Fahrgast im Mittel 4,7 km zurücklegt. Die Schwebebahn fährt derzeit in einem 5-Minuten-Takt, welcher noch zu einem 3-Minuten-Takt ausgebaut werden soll. Die aktuelle Schwebebahngeneration GTW-(Gelenktriebwagen) 15 umfasst 31 hellblaue Schwebebahnen. Die Innenräume sind entweder gelb, grün oder rot. Diese haben vor kurzem die vorherige Generation GTW-72 abgelöst, welche eine blau-orange Färbung aufwiesen.

Meistens fährt an den Wochenenden noch der Kaiserwagen der Baureihe 1900. Parallel zum Linienverkehr finden Ausflugsfahrten bei Kaffee und Kuchen statt. Der Wagen kann jedoch auch für Gesellschaften und Trauungen gemietet werden. Die Karten für diese Fahrten müssen im Voraus bei Wuppertal Touristik oder im Internet gekauft werden und kosten jeweils ca. 26 € für Erwachsene. Anders als beim Linienverkehr hält der Kaiserwagen nicht in den Stationen und man kann sitzen bleiben, während die Schwebebahn durch die

Wendeschleifen fährt. Falls Sie mit der Schwebebahn fahren sollten, können Sie aus den Fenstern heraus noch viele alte Fabriken bestaunen.

Eine Fahrt mit der Schwebebahn ist definitiv der erste Punkt auf der Liste der Sachen, die Sie in Wuppertal unbedingt gesehen und gemacht haben sollten.

DIE NORDBAHNTRASSE

Die Nordbahntrasse erstreckt sich über 23 km von West nach Ost durch Wuppertal. Sie verbindet die Ballungszentren Elberfeld, Barmen und Vohwinkel fast kreuzungsfrei und vollkommen ebenerdig miteinander. Es gibt kaum Steigungen und der Weg ist ein breit ausgebauter Fuß- und Radweg. Früher lagen auf der ganzen Strecke Eisenbahngleise der Rheinischen Strecke und der Kohlebahn. Die Trasse gilt als weltweit längste ehemalige innerstädtische Eisenbahnstrecke. Auf der Strecke befinden sich Viadukte und Brücken mit einer Länge von 1,5 km und Tunnel mit einer Gesamtlänge von 2 km.

Entlang des Streckenverlaufs befinden sich zahlreiche kleine Sehenswürdigkeiten, Attraktionen und

Cafés sowie viele Zeugnisse der Wuppertaler Industrie- und Verkehrsgeschichte, Denkmäler und geologische Besonderheiten. Wuppertal ist für viele Wanderer und Radfahrer aufgrund der vielen steilen Berge oft eine Herausforderung. Durch die Nordbahntrasse wurde erstmalig eine Alternativstrecke geschaffen, in deren unmittelbarem Einzugsgebiet über 100.000 Menschen leben.

Auch viele öffentliche Einrichtungen wie Schulen, Kindergärten, Rathäuser und Bürgerbüros sind in unmittelbarer Nähe der Trasse. Sie ist Teil des Bergischen Panorama-Radwegs und bindet Wuppertal an das überregionale Radwegnetz an. Über den Streckenverlauf verteilt sind ebenfalls Schilder, die den Verlauf der Trasse darstellen und größere Sehenswürdigkeiten auf einem Plan zeigen, damit auch Besucher von außerhalb sich gut zurechtfinden können. Ich kann Ihnen die Nordbahntrasse nur empfehlen, weil es für jede Fortbewegungsart genug Platz gibt, sodass sich keiner in die Quere kommt und sie durch den ebenen Streckenverlauf auch für jede Altersgruppe geeignet ist. Sitzbänke sind ebenso überall vorhanden.

Hier folgen jetzt noch ein paar Ideen, was Sie auf

der Trasse alles machen können:

In Wichlinghausen ist die Skaterhalle Wicked Woods, wo Sie mit Inlinern, BMX-Fahrrädern oder Scootern über Rampen fahren können. Direkt nebenan befindet sich ein Café, wo Sie für wenig Geld gutes Essen bekommen und sich Fahrräder ausleihen können.

Hier grenzt die neue Schwarzbachtrasse an, die der Nordbahntrasse ähnlich ist und über Langerfeld bis zum Sportplatz Grundstraße geht. Ein paar Meter weiter befindet sich dann noch eine Parkouranlage, auf welcher Sie Sport betreiben können. In Barmen können Sie die Nordbahntrasse verlassen und den Berg herunter gehen, wenn Sie in das Barmer Stadtzentrum möchten. Dort finden Sie einige Geschäfte, das Rathaus sowie das Einwohnermeldeamt und Sie haben die Möglichkeit, auf Bus, Schwebebahn oder Zug umzusteigen. Auf der Trasse weiter Richtung Westen, im Bereich Mirke, finden Sie die Utopiastadt.

Dort können Sie z. B am Bahnhof Blo etwas essen oder Fahrräder ausleihen. In unmittelbarer Nähe befindet sich noch eine Boulderhalle zum Klettern. Wenn Sie die Trasse an dieser Stelle verlassen, kommen Sie in das Elberfelder Stadtzentrum, wo Sie Geschäfte, Restaurants, Hotels oder das Elberfelder Rathaus finden. Ebenso können Sie hier auf Bus, Schwebebahn, Nahverkehr oder Fernverkehr (Zug) umsteigen.

DIE HISTORISCHE STADTHALLE

Die Wuppertaler Stadthalle heißt eigentlich "Historische Stadthalle am Johannisberg", da sie in der Elberfelder Südstadt auf dem Johannisberg steht. Sie wurde im Jahre 1900 eröffnet und blieb während des Zweiten Weltkriegs als einziger Veranstaltungsort in Wuppertal weitestgehend unbeschadet. Sie ist eine der bedeutendsten Sehenswürdigkeiten Wuppertals und aufgrund ihrer einzigartigen Akustik weltweit bekannt. Dort finden nicht nur Konzerte, sondern auch Veranstaltungen jeder Art statt. Unter anderem findet seit 2004 jedes Jahr im Sommer die danceComp statt, welche zu den größten internationalen Tanzsportveranstaltungen zählt. 2013 fand erstmals ein Europacup der Professionals der Standarddisziplin statt mit über 2.500 Tänzern. Cascada (deutsche ESC-Teilnehmer) drehten in der

Stadthalle das Musikvideo für ihr Wettbewerbslied Glorious. Ebenso im Jahr 2013 fand auch der bundesweite Vorentscheid für die zweite Staffel der Show "The Voice of China" statt, bei der man sich für die folgende Runde qualifizieren musste. Jedoch wird nicht nur die Stadthalle genutzt, sondern auch der große Garten. Seit der Fußball-WM 2006 finden zu großen Fußballturnieren regelmäßig Public Viewings statt.

Zwischen 1992 und 1995 ist die Stadthalle für 80 Mio. DM grundlegend restauriert worden, wobei unter anderem auch historische Elemente wiederhergestellt wurden. An der Fassade findet man die Namen vieler deutschsprachiger kulturtragender Persönlichkeiten. In der Zeit des Nationalsozialismus wurden jegliche Namen der Personen mit jüdischer Herkunft und alle Künstlernamen, die dem Regime nicht gefielen, entfernt und nach dem Krieg erneut angebracht.

Die kleineren Säle tragen nun die Namen Mendelssohn-, Gustav Mahler- und Jacques Offenbach-Saal. Es handelt sich um ein Gebäude, welches zwei Geschosse mit einem etwa rechteckigen Grundriss hat. An den vier Ecken befindet sich jeweils ein

Turm. Der große Saal erstreckt sich über beide Etagen und besitzt eine Empore. Im Erdgeschoss befinden sich das Foyer und der Offenbach-Saal. In der ersten Etage befinden sich der Eingang zu den oberen Sitzplätzen des großen Saals (der Galerie) und fünf weitere kleine Säle, zu denen der Mendelssohn-Saal und der Mahler-Saal zählen.

Die Orgel, die sich im großen Saal befindet, wurde 1996 von der Orgelbaufirma „Westfälischer Orgelbau S. Sauer" erbaut. Es gibt 67 Register auf drei Manualen und 4.706 Pfeifen. Oft kann man sich hier Konzerte des Sinfonieorchesters anhören. Es kommen aber auch andere Gäste vorbei und geben Konzerte. Darunter findet man z. B. die Musikkorps der Bundeswehr, der Cronenberger Männerchor und das Blasorchester Oberbarmen 1921 e.V. Auch Comedians wie Kaya Yanar oder Chris Tall treten immer wieder in der Stadthalle auf. Sie sollten sich unbedingt selbst ein Bild von der wunderbaren und einzigartigen Akustik in der Wuppertaler Stadthalle machen. Die Tickets für jegliche Veranstaltungen sind im Vorverkauf und über das Internet zu erwerben. Die Gelegenheit sollten Sie sich nicht entgehen lassen.

DAS VON-DER-HEYDT-MUSEUM

Sie sind ein Kunstfan oder finden Kunst einfach schön anzusehen und interessant? Dann sind Sie hier an der richtigen Adresse – im Wuppertaler Von-der-Heydt-Museum.

Es befindet sich im Herzen Elberfelds. Seinen Ursprung hat es in der Bankiersfamilie von-der-Heydt und den Kunstinteressenten des Barmer Kunstvereins. Viele Werke wurden während des Zweiten Weltkriegs durch Bombenangriffe zerstört oder beschlagnahmt. Hierbei handelte es sich um schätzungsweise 1680 Kunstwerke, die zerstört oder gestohlen wurden. Jedoch fielen auch einige andere Kunstgegenstände dem Krieg zum Opfer. 1950 gab es dann eine große Wiedereröffnung. August Von-der-Heydt spendete dem Museum bis zu seinem Tod viele Werke aus seinem eigenen Besitz. Das Museum übernahm zum Dank der vielen Spenden etwa drei Jahre vor seinem Tod den Namen Von-der-Heydt. Das Museum wurde über die Zeit zu klein für alle Exponate und musste ausgebaut werden. Das Museum gewann so rund 3000 m² mehr an neuer Ausstellungsfläche. Zudem sollte das Museum modernisiert werden. Somit wurde die alte Bauweise mit neueren, moderneren Elementen verbunden. Zudem wurde das   Lichtkonzept neu gestaltet.

Seit der erneuten Eröffnung 1990 wuchs die Sammlung weiter und es wurden zum Teil auch verschollene Kunstwerke aus dem Zweiten Weltkrieg wiedergefunden. Seit 2000 gibt es wechselnde Ausstellungen, ein Museumsshop und Veranstaltungen (wie z. B. „die Nächte des Museums") mit dem Gedanken, eine größere Interessentengruppe anzusprechen und auch neue Besucher anzulocken.

Hier finden Sie heute Gemälde von Claude Monet, Otto Dix, Fancis Bacon, Franz Marc, Ernst Ludwig, Pablo Picasso und vielen weiteren Künstlern. Das Museum gehört zu den wichtigsten und international angesehensten Kunstorten Deutschlands. Die Sammlung umfasst Kunstwerke vom 16. Jahrhundert bis zur heutigen Zeit, die Schwerpunkte sind dabei Expressionismus, Impressionismus und die zwanziger Jahre. In wechselnden Ausstellungen werden die insgesamt 3000 hochkarätigen Gemälde, 30.000 grafischen Blätter und die ca. 500 Skulpturen nach und nach präsentiert. Jedoch sind hier auch Sammlungen mit den Themen Grafiken und Fotos zu finden.   In   den   vielen   verschiedenen

Sonderausstellungen werden Sie mit Sicherheit auch noch andere Werke finden, welche Sie und andere Kunstbegeisterte inspirieren werden.

DER WUPPERTALER ZOO

Der Zoologische Garten der Stadt Wuppertal, kurz Wuppertaler Zoo, ist ein wissenschaftlich geführter Zoo und gehört zu den Sehenswürdigkeiten in Wuppertal.

Die Eigenbezeichnung ist „der grüne Zoo Wuppertal". Zudem ist er Namensgeber des umliegenden Villenviertels Zooviertel. Die Parkanlage ist rund 24 Hektar groß und es sind 4200 Tiere bzw. 470 Tierarten von allen Kontinenten untergebracht. Man kann unter anderem Affen, Bären, Großkatzen, Vögel, Fische, Reptilien und Elefanten beobachten.

Am Anfang standen nicht die damals 34 Tiere im Vordergrund, sondern die   Vergnügungsangebote. Man konnte auf dem großen Teich, der heute zur Gibbonanlage   gehört, Kanu fahren. In den Jahren 1910 bis 1912 wurde das sogenannte „Nordlandpanorama" gebaut, welches Seelöwen, Eisbären und Bergziegen beheimatet. Ebenso wurde im Zoo noch der Löwenfelsen erbaut. 1927 wurde das Elefantenhaus eröffnet und es zogen die ersten Elefanten zusammen mit zwei Flusspferden ein. Während des Zweiten Weltkrieges wurden aus Luftschutzgründen Tiere erschossen oder in andere Zoos gebracht. Gegen Ende des Krieges wurden viele Tiere geschlachtet oder gestohlen. Der Zoo an sich wurde durch die Bomben nicht allzu sehr beschädigt und konnte wenige Tage später wieder öffnen.

Zum 100-jährigen Bestehen im Jahre 1981 stiftete der Zooverein die Erweiterung der Gibbonanlage sowie ein neues Hirschhaus. Die Stadt schenkte zudem eine Greifvogelanlage. Ein paar Jahre später wurde zusätzlich noch eine Freiflughalle für Vögel erbaut. 1995 wurde die neue Elefantenanlage im Beisein vom Ministerpräsidenten Johannes Rau eröffnet. Diese ist mit einer Außenanlage von 3000 m^2 und einer Innenanlage von ca. 1340 m^2 die größte Anlage des Zoos und beherbergt afrikanische Elefanten. Das täglich stattfindende Duschen der Elefanten ist im Außengehege zu sehen. Seit 2005 sind bisher sieben Elefantenbabys zur Welt gekommen. Der jüngste Nachwuchs wurde im April 2019 geboren.

Die bisher teuerste Anlage wurde 2003 eröffnet.

Die Orang-Utans haben dadurch eine neue Freianlage mit 600 m² Auslauf erhalten. Vor dem Auslaufgehege befindet sich eine kleine Höhle, von der aus Besucher die Tiere super beobachten können. 2006 feierte der Zoo 125-jähriges Jubiläum, zu dem ein neues Umfeld für die Brillenpinguine und ein Freigehege für Gorillas erbaut wurden. In der Stadt selbst fand die Pinguinale statt, da der Zoo-Verein der Gewinner in der Kategorie Stadtmarketing des Wuppertaler Wirtschaftspreises war. Die Pinguinale bestand darin, im ganzen Stadtgebiet ca. 200 Kunststoffpinguine mit auffallender Bemalung aufzustellen, da der Pinguin das Wappentier des Wuppertaler Zoos ist. Alle Pinguine hatten über fünf Monate einen Platz in der Stadt und wurden im Rahmen einer großen Aktion in den Zoo gebracht, wo sie für weitere zwei Monate standen. Nach der Aktion wurden die meisten Pinguine wieder an ihren Platz gebracht und sind bis heute an verschiedenen Punkten in der Stadt zu finden.

Vielleicht finden Sie auf Ihrem Abenteuer durch die Stadt ja einen solchen Pinguin. Ein Vorschlag wäre es, sich mit diesen zu fotografieren – oder nur die Pinguine – und dann die Fotos z. B. im Internet mit dem Hashtag #Pinguinale zu posten. Ansonsten können Sie sich die Pinguine auch einfach ansehen.

2007 wurde der Zoo um eine große Fläche erweitert. Als die Sambatrasse ausgebaut wurde, welche sich bisher außerhalb des Zoos befand, bekam der Zoo noch ein weiteres Teilstück oberhalb dazu. Es kam die Befürchtung auf, dass Menschen, die über die Sambatrasse gehen würden, in eine Großkatzenanlage fallen könnten, da die Trasse oberhalb entlangführte.

Durch die Erweiterung des Zoos entstand eine neue große Anlage für die afrikanischen Löwen und die Sibirischen Tiger. Die Löwenanlage ist derzeit die größte Löwenanlage in deutschen Tierparks. Diese wurden 2008 in einem Test der Zeitschrift Stern besonders gewürdigt, ebenso die Haltung von Tierarten, die in deutschen Zoos selten gehalten und gezeigt werden. Der Zoo erreichte in der Gesamtwertung den dritten Platz der deutschen Großzoos. 2009 wurde dann noch Europas zweitgrößte Königspinguinale eröffnet, die es den Besuchern durch einen 15 m langen Acrylglastunnel ermöglicht, die Pinguine auch unter Wasser zu beobachten.

Seit 2014 schmückt ein neues Restaurant im

Hochsitz-Stil den Zoo. Von dort aus können Sie sehr gut über die Elefantenanlage sehen und die Tiere beobachten, während Sie sich eine Auszeit nehmen und z. B. etwas leckeres essen.

Derzeit befindet sich noch eine große begehbare Voliere im Bau. „Aralandia" soll ab Frühjahr 2020 Aras, Pudus, Sittiche und Flamingos auf einer Fläche von 1.100 m^2 beherbergen.

Die größte Zuchtgruppe der Pudus lebt im Wuppertaler Zoo. Seit 1973 gab es schon mehr als 125 neugeborene Pudus. Zudem nimmt der Zoo an weiteren Zuchtprogrammen zum Artenschutz teil, wie z. B. an dem internationalen Zuchtprogramm für die Goldkopflöwenäffchen, welche stark vom Aussterben bedroht sind.

Trotz vieler guter Argumente, nicht in den Zoo zu gehen, kann ich Ihnen einen Besuch im Wuppertaler Zoo nur wärmstens ans Herz legen. Neben dem normalen Tagesbesuch gibt es auch spezielle Führungen, die von Gruppen und Einzelpersonen gebucht werden können. Ebenso gibt es öffentliche Führungen, an denen Sie teilnehmen können, ohne sich im Voraus dafür angemeldet zu haben. Für aktuelle Termine können Sie sich auf der Zoo-

Homepage oder direkt an der Zookasse informieren.

Schön zu sehen sind auch die Fütterungen der Tiere. Es gibt feste Zeiten, zu denen Sie dann bei den entsprechenden Gehegen sein und bei der Fütterung z. B. der Seelöwen oder Großkatzen zusehen können. Zudem ist der Zoo mit den öffentlichen Verkehrsmitteln sehr gut zu erreichen. Wenn Sie mit der Schwebebahn fahren, müssen Sie an der Haltestelle „Zoo/Stadion" aussteigen, den Berg ein wenig hoch gehen und schon sind Sie da.

Der grüne Zoo Wuppertal ist ein schönes Erlebnis für Groß und Klein. Für Kinder gibt es auch einen Spielplatz und an der Kasse kann man sich einen Bollerwagen ausleihen, damit man z. B. seinen Proviant nicht tragen muss.

DER SKULPTURENPARK

Im Skulpturenpark Waldfrieden findet man viele Werke des englischen Bildhauers Tony Cragg. Zudem werden auch zahlreiche Werke anderer Künstler gezeigt. Der Park wird als privates Museum derzeit von einer gemeinnützigen Stiftung, der „Cragg Foundation", betrieben. Auf einer Gesamtfläche von

14 ha stehen im Außenbereich etwa 40 Skulpturen. Diese sind so konzipiert, dass der Betrachter Sie von allen Seiten bestaunen kann. Zudem sind sie weitestgehend räumlich getrennt, sodass sie unabhängig voneinander wirken können. Im Jahr 2006 erwarb der Bildhauer Tony Cragg den verwilderten Park mit der denkmalgeschützten Villa, die vorher dem Chemieunternehmer Kurt Herberts gehörte. Cragg wollte dort in einem Skulpturenpark eigene Werke sowie Werke anderer Künstler ausstellen. Als Vorbild und Inspiration galten hier die Kunstrichtung Land Art und der englische Landschaftsgarten. Ein Ziel Craggs ist es, den neuen modernen Menschen wieder in die natürliche Ganzheit zu führen. Um dies zu erreichen, erarbeitete er ein Präsentationskonzept, welches Kunst auf drei Arten zeigen sollte:

Green cube – die Ausstellung unter freiem Himmel mit Wechsel des Lichts durch die Tages- und Jahreszeiten.

White cube – Kunstwerke, welche in einer Halle mit verkalkten Fensterscheiben stehen und in einem besonderen Licht auf den Betrachter wirken können.

Glass cube – eine kubische Halle aus Glas, die

sowohl Blicke nach draußen als auch einen natürlichen Lichteinfall ermöglicht. Als Ausnahme dieses Konzeptes gilt die ovale Ausstellungshalle im oberen Teil des Parks. 2012 erwarb Cragg noch ein weiteres ca. 5 Hektar großes Waldstück von der Stadt. Dieses lag südlich des Skulpturenparks. Er wollte den Park um eine zweite Ausstellungshalle erweitern. Das alte Wegenetz in dem Gebiet wurde entfernt und die Wanderwege, die dort verliefen, wurden umgeleitet. Im September 2013 konnte die zweite Halle eröffnet werden. Ebenso wurde der Skulpturenpark in das Europäische Gartennetzwerk aufgenommen. Da die Straßen rund um den Park sehr schmal und kurvig sind, mussten diese nachts teilweise gesperrt werden, um große und schwere Skulpturen anzuliefern.

Eine dritte Ausstellungshalle wurde 2017 eröffnet. Die Cragg Foundation wurde 2005 gegründet und wird durch den Vorstand, welcher unter anderem aus der Vorsitzenden Tatjana Cragg, dem stellvertretenden Vorsitzenden Tony Cragg und Michael Brämer besteht, vertreten.

Die Dauerausstellung besteht derzeit aus 23 Werken aus Bronze, Metall und Stahl von Tony Cragg und 17 Skulpturen diverser anderer Künstler wie z.

B. Hubert Kiecol, Jaume Plensa, Henry Moore, Markus Lüpertz und Thomas Schütte. Ein weiteres Werk Craggs kann man entlang der Talachse vor dem Opernhaus finden.

Im Skulpturenpark finden jedoch auch noch andere Veranstaltungen statt, darunter Konzerte, Vorträge, Führungen und Filme. In den Sommermonaten gibt es Musik im Rahmen der Konzertreihe „KlangArt". Im Herbst und Winter wird eine Ausstellungshalle für Konzerte der Reihe „Tonleiter" genutzt. Nach jedem Konzert besteht die Möglichkeit, an einem feierlichen Abendessen teilzunehmen.

Termine dazu finden Sie in den Broschüren, welche vierteljährlich herausgegeben werden, und auf der Homepage. Für Kunstliebhaber ist der Besuch im Skulpturenpark unverzichtbar.

DER HECKINGHAUSER GASKESSEL:

Steigt man in Oberbarmen aus dem Zug oder der Schwebebahn, bekommt man von nahezu allen Seiten den Gaskessel in Heckinghausen zu sehen. In jeglichen Formen ist der Gaskessel eine Bereicherung für den Stadtteil. Ein riesiges, die Stadt prägendes

Gebäude, welches nach einer fünfjährigen Bau- und Planungsphase als Scheibengasbehälter in der Niederdruck-Gasspeichertechnik im Jahre 1952 vom MAN Werk Gustavsburg fertiggestellt worden ist. Bis 1997 in Betrieb, speicherte es 60.000 m³ Gas, das seine Verwendung als sogenanntes Stadtgas fand. Damit wurden Straßenleuchten sowie sämtliche Gasabnehmer in Wuppertals Wohnungen gespeist. Aus unwirtschaftlichen Gründen und der Verbreitung von Ferngasleitungen wurde dieser aus dem Betrieb genommen. Ein Jahr später, also 1998, wurde der Gasspeicher,umgangssprachlich Gasometer, unter Baudenkmalschutz gestellt und somit wurde der Abriss verhindert.

Sowohl Hass als auch Gefallen wurde ihm zugesprochen, denn bis zum Jahre 2018 stand er nutzlos und blassgrün herum, bis er schließlich kernsaniert und im Juni 2019 als Freizeitzentrum eröffnet wurde. Mittlerweile erstrahlt er von außen im modernen Grau und wird abends beziehungsweise nachts in zusammenpassenden alternierenden Farben illuminiert. Äußerlich fallen drei Umgänge an unterschiedlichen Höhen, eine zickzackförmige Treppe vom Grund bis hin zum geböschten Dach und ein Aufzugszugsschacht mit umlaufenden Treppen auf.

Im Inneren wird einem die Dimension des Kessels erst vollkommen bewusst. Seine polygonale 20-eckige Form, mit den jeweiligen Seitenlängen von 5,9 Metern, welche aus gebördeltem Stahlblech bestehen, vertikal an einer Stahlkonstruktion genietet sowie horizontal miteinander verschweißt sind, glänzen im Licht der Scheinwerfer und des Tageslichts. Diese Form ist die erste seiner Art und daher eine Besondere. Interessant ist ebenso das darin hochgezogene Gebäude, in dem sich ein Sportstudio einer bekannten Kette und ein Restaurant der Kette Aposto befindet. Dort können schmackhafte Gerichte und inspirative Cocktails oder Ähnliches genossen werden. Durch die Beliebtheit sollten Sie unbedingt vorher reservieren. Als empfehlenswert für Besucher gilt die Dauerausstellung zum Thema „Phantasie, Illusion und 3D- Projektmapping" und die Lichtshow „Die Wundermaschine", welche an den Innenflächen und der Stahlkonstruktion an der Decke präsentiert wird. Wer sich schon immer gewünscht hat, sich auf dem Wahrzeichen Heckinghausens oder auf großer Höhe mit herrlichem Ausblick das JA-Wort zu geben, kann sich nun freuen. Seit neustem ist auch dies hier möglich. Ebenso empfiehlt sich für Besucher der Sky-Walk auf dem Dach als Abenteuer und Sehenswürdigkeit, welcher eine wundervolle 360° Sicht über den Dächern von Oberbarmen, mit einer Weitsicht nach Barmen oder Schwelm und darüber hinaus, beschert. Abschließend ist der Gaskessel einen Besuch wert, egal ob als Privatperson, Gruppe oder als Schulklasse; selbstverständlich auch barrierefrei. Zu beachten ist die Innentemperatur, die sich aufgrund fehlender Heizung der Außentemperatur angleicht.

SCHLOSS LÜNTENBECK

Das Schloss Lüntenbeck bzw. Haus Lüntenbeck ist ein festes Haus, welches einst eine Wasserburg war. Die Anlage ist weitgehend unverändert und gut erhalten. Somit zählt es zu den ältesten Gebäuden der Stadt und war eines von zwölf Rittergütern im Amt Solingen. Das Schloss steht etwa sieben Kilometer westlich des Elberfelder Zentrums und gehört zum Stadtteil Vohwinkel. Erstmals urkundlich erwähnt wurde der Rittersitz im Jahre 1217 als ein Hof des

Damenstiftes Gerresheim. Vermutlich stammt das starke Kellergewölbe des jetzigen Herrenhauses aus dieser Zeit. Der Mühlenturm, das östliche Fachwerkhaus und das zweieinhalbgeschossige Hauptgebäude mit angebautem Turm stammen aus der Zeit des Hochbarocks. Die Gebäude wurden von einer weitläufigen Vorburg mit dazugehörigen Wirtschaftsgebäuden umgeben.

Im Jahre 1906 erwarb die Stadt das Schloss vom Konsul Karl Pithan-Hülsenbeck. Seit 2000 ist das Schloss Eigentum des Familienunternehmens Schloss Lüntenbeck GmbH & Co. KG. Das Schloss inklusive der Außenanlagen kann jederzeit von außen besichtigt werden. Sie werden von mehreren Dienstleistungsgewerben genutzt. Seit 2009 gibt es im Haupthaus ein neues Restaurant und die Räumlichkeiten können sowohl für private als auch für geschäftliche Veranstaltungen gemietet werden. Auch hier können Sie standesamtlich heiraten. In der Adventszeit findet hier zudem am zweiten und dritten Adventswochenende der Lüntenbecker Weihnachtsmarkt statt, wofür das Schloss bekannt ist. Die Anlage rund um das Schloss lässt sich gut für einen Ausflug und zum Wandern nutzen. Falls Sie nun in die mittelalterliche Atmosphäre des Schlosses eintauchen möchten, kann ich Ihnen einen Besuch nur empfehlen.

DER VON DER HEYDT-TURM

Er steht im Stadtbezirk Elberfeld-West auf dem Kiesberg. Der 20 Meter hohe Aussichtsturm wurde im Jahr 1892 errichtet und durch Spenden des Elberfelder Bankiers August Freiherr Von-der-Heydt finanziert. Die Stadt stiftete 5.000 RM für den Bau eines Aussichtsturms auf dem Kiesberg. Die geschätzten Baukosten beliefen sich jedoch auf 16.000 RM und der Stadtrat wollte sich mit 10.000 RM beteiligen. Als eine Initiative um Spenden bat, spendete Baron August Von-der-Heydt in Gedenken an seinen Vetter 10.000 RM. Stadtbauinspektor Schaumann fertigte den Entwurf und so wurde der Turm im Stil der Deutsch-Renaissance gebaut. Das Haus der Familie Von der Heydt auf der Königshöhe gehört zu den klassischen Häusern aus der Ära der Kommerzienräte.

Es ist ein Domizil, in dem die Kunst Zuhause ist. Ursprünglich wurde es als Ausflugsgaststätte errichtet. Vor dem Zweiten Weltkrieg erinnerte eine Bronzetafel mit Reliefbildern der drei Von-der-Heydt-Brüdern und des Familienwappens an die Stifterfamilie, sie wurde jedoch während des Krieges entwendet. Vorhanden ist nur noch das Elberfelder Stadtwappen. 2013 wurde eine Infotafel mit der Geschichte des Bauwerks aufgestellt.

1978 wurde der Turm für Besucher aus Sicherheitsgründen gesperrt, zum 100-jährigen Jubiläum konnte dieser jedoch restauriert werden. Ehrenamtliche ermöglichen heute Gruppen die Turmbesichtigung. Bei schönem Wetter empfiehlt sich ein Spaziergang vom Zooviertel aus, auf dem Sie mitten im Wald den Von der Heydt-Turm finden können. Dieser erinnert ein wenig an einen Bergfried inmitten einer Burg aus dem Mittelalter.

DER TOELLETURM

Er wurde von den Kindern eines Wuppertaler Textilfabrikanten, Ludwig-Ernst Toelle, gestiftet, da dieser in dieser Gegend gerne einen Spaziergang machte. 1887 begann der Bau und ein Jahr später wurde die Eröffnung gefeiert. Während des Zweiten

Weltkrieges stand eine Flugabwehrkanone auf dem Turm, welcher der Luftraumüberwachung diente.

1949 wurde der Aussichtsturm als einsturzgefährdet eingestuft und gesperrt. Eine Spendenaktion wurde ins Leben gerufen, bei welcher man Bausteine mit dem Motiv des Toelleturms und Rundblickkarten erwerben konnte, um eine Reparatur zu finanzieren. Die Wiedereröffnung erfolgte dann ein Jahr später. Nach einer erneuten Sperrung aus Sicherheitsgründen sollte der Turm abgerissen werden. Die Bevölkerung hingegen sprach sich für den Erhalt des Toelleturms aus, sodass dieser durch Sponsorengelder renoviert und wieder eröffnet wurde. Nach etwa fünf Schließungen und Wiedereröffnungen bleibt der Turm nun zeitweise geöffnet. Seit 1894 stand der Turm direkt neben Deutschlands erster zweigleisiger, elektrischer Zahnradbahn, der Barmer Bergbahn. Diese wurde trotz sehr großen Widerstandes der Wuppertaler Bevölkerung im Jahr 1959 abgebaut. Die Überreste der Bergbahn sind heute noch zu sehen, da z. B. einzelne Stelen den Weg, welchen die Bahn fuhr, markieren.

Der 26,5 Meter hohe Turm steht in den Barmer Anlagen, welche eine der größten privat geführten

Parkanlagen in Deutschland ist.

Über eine außengelegene Treppe mit 146 Stufen gelangen Sie zu einem Umgang, welcher sich etwa sieben Meter über der Erde befindet. Über der Eingangstür zum Innenraum befindet sich eine Tafel aus Bronze mit der Aufschrift "Dieser Aussichtsthurm wurde im Jahre 1887 gebaut und gestiftet zum Eigenthum des Barmer Verschönerungsvereins in Erinnerung an Ludwig Ernst Toelle, 1822-1886, von dessen Familie".

Bei gutem Wetter ist die Aussicht von der Aussichtsplattform bemerkenswert. Von hier aus kann man den Weyerbuschturm am Nützenberg und den Von der Heydt-Turm auf der Königshöhe sehen. Bei gutem Wetter öffnet der Barmer Verschönerungsverein den Turm an Sonn- und Feiertagen. Wer sein Auto Zuhause lassen möchte, kann auch mit dem Bus dorthin fahren.

DER WEYERBUSCHTURM

Auf dem Nützenberg standen um 1880 nur zwei hölzerne Aussichtstürme, die aufgrund ihrer Baufälligkeit kurz vor dem Abriss standen. 1897 stiftete der Elberfelder Knopffabrikant Emil Weyerbusch knapp 26.000 Mark zur Errichtung eines richtigen Aussichtsturms. Ein Jahr später begannen die Bauarbeiten.

Zusätzlich zum Turm wurde von Weyerbusch noch ein Wärterhaus gestiftet. Der Grundriss des Turms ist u-förmig. Von außen führt eine Treppe mit Zwischenpodest zum Eingang auf 3,5 Metern Höhe. Auf der Hälfte des 35,5 Meter hohen Turms findet man einen Erker, welcher sich als kleines Türmchen fortsetzt. Auf der Spitze des Türmchens befindet sich eine Wetterfahne. Die Altane war bis 1981 offen und wurde bis auf einige Fensteröffnungen verschiefert. Die beiden ursprünglich offenen Balkone wurden, nachdem sie von den Britischen Besatzungstruppen zugemauert wurden, als Funkkabine genutzt. Darüber finden Sie in ca. 20 Metern Höhe die Aussichtsplattform. Mitte der 1970er Jahre wurde das Turmzimmer vom Deutschen Amateur-Radio-Club e.V. genutzt. Die Parklandschaft um den Turm herum existiert in der aktuellen Form erst seit 2006, da im Rahmen der Regionale unter anderem einige Bäume für eine bessere Aussicht gefällt wurden. Leider ist der Turm derzeit nicht begehbar, da noch nicht genügend Spenden für eine Restaurierung gesammelt wurden, jedoch ist er trotzdem einen Besuch wert, bei dem Sie sich auch die schöne Natur in der Umgebung ansehen können.

DER VORWERKPARK

Er ist ein wunderschöner Landschaftspark im Ortsteil Lichtenplatz. Dieser wurde Anfang des 20. Jahrhunderts von Adolf Vorwerk, welcher ebenfalls Gründer des gleichnamigen Unternehmens ist, als Privatpark der nahegelegenen Villa Emma, am äußeren Rand der Barmer Anlagen, angelegt. Die Villa war einst der gebürtige Familiensitz und wurde ebenso wie der älteste Teil der Anlage um 1895 errichtet. Nach 1959 wurde die Villa abgerissen.

Über die Entstehung des Vorwerkparks gibt es kaum Unterlagen oder Pläne. Zu dem unteren Teil der Parkanlage gehört eine Grotte mit Wasserfall, ein Pumpenhaus am Murmelbach (welcher auch

Marper Bach genannt wird) und ein Steinbruch mit einem Goldfischteich. Während des Zweiten Weltkriegs wurden weite Teile des Parks und der angrenzenden Viertel zerstört. In der Nachkriegszeit wurden die Grünflächen als Nutzflächen gebraucht, um unter anderem Kohl, Möhren und Obstbäume anzupflanzen.

Später wurden die Nutzflächen wieder mit Rasen begrünt und neue winterharte japanische Azaleen und Rhododendren gepflanzt. Max Jörg Vorwerk gründete eine Stiftung, welche der weiteren Betreuung des Parks dienen sollte. Mit involviert war zu einem späteren Zeitpunkt auch der Barmer Verschönerungsverein, da der Vorwerkpark und die Barmer Anlagen dicht nebeneinander liegen und die Interessen sich überschnitten. Nach einer umfangreichen Sanierung im Jahr 2001 wurde der Park 2003 offiziell durch Max Jörg Vorwerk und den damaligen Bürgermeister Dr. Hans Kremendahl wiedereröffnet. Auch hier kann ich Ihnen einen Spaziergang nur ans Herz legen. Wenn Ihnen der Vorwerkpark zu klein für eine Wanderung ist, können Sie direkt in den angrenzenden Barmer Anlagen weiter wandern.

DER BOTANISCHE GARTEN

Der botanische Garten befindet sich auf dem Parkgebiet Hardt. Das eigentliche Gartengelände ist etwa 16.100 m² groß und erstreckt sich vom Elisenturm bis zur Ellerschen Villa mit der Orangerie. Seinen Anfang hatte der botanische Garten 1890 als Schulgarten, welcher aufgrund von Platzmangel auf das Gelände der Ellerschen Villa verlegt wurde. Seit 1993 unterhält nicht nur die Stadt Wuppertal den Garten, sondern auch der neu gegründete „Verein der Freunde und Förderer des Botanischen Gartens Wuppertal". Die Regionale im Jahr 2006 brachte dem damaligen Gelände der Stadtgärtnerei als Erweiterung ein großes Gewächshaus mit 400 m² und zwei kleine mit einer Fläche von jeweils 100 m². Das Gewächshaus auf der Südseite beherbergt fast ausschließlich tropische Nutzpflanzen. Die Nordseite des Gewächshauses dient im Sommer als Veranstaltungsfläche und im Winter als Winterresidenz für Pflanzen.

In den beiden kleineren Gewächshäusern finden Sie vor allem Kakteen und Zwiebel-/ Knollengewächse. 2007 wurde die gesamte Anlage des neuen Gartens Hardt der Öffentlichkeit übergeben.

Jeden 1. Mittwoch im Monat gibt es bei Führungen durch den botanischen Garten einen Pflanzenberatungsdienst, welcher unter anderem botanische Aspekte und ökologische Zusammenhänge vermittelt. Zudem gibt es weitere Angebote für Kinder/Familien, Seminare, Vorträge, Ausstellungen und andere Veranstaltungen. In den wärmeren Monaten lädt das große Gelände des Hardtparks zu Aktivitäten im Freien ein. Hier können Sie ein Picknick machen, Ball spielen, auf einem Spielplatz spielen, Spazieren gehen und vieles mehr. Sie können den Botanischen Garten und die Gewächshäuser anschauen, den Rosengarten besuchen oder den Bismarckturm begutachten. Die gesamte Anlage ist etwa 3,6 ha groß. Falls Sie das Auto Zuhause lassen wollen, gibt es einen Bus, der von Elberfeld bis auf die Hardt fährt.

DER BEYENBURGER STAUSEE

Er gehört zu den kleinsten Talsperren im Bergischen Land und wird vom Wupperverband betrieben. Er befindet sich im Ortsteil Wuppertal-Beyenburg, wo die Wupper aufgestaut wird und der wichtigste Zufluss des Stausees ist. Zudem fließen auch kleinere

Bäche in den Stausee, wie der Spreeler Bach. Es grenzen die Städte Wuppertal, Radevormwald und Ennepetal an den Beyenburger Stausee. Er besitzt die Form eines gespiegelten „L" und hat eine Länge von ca. 1100 Metern und eine Breite von bis zu 270 Metern. Er hat ein Fassungsvermögen von bis zu 465.000 m^3. Durch die Wupper kommt es zu einer jährlichen Verlandung von 5000 m^3 aufgrund von mitgeführten Sedimenten, welche eine kontinuierliche Ausbaggerung zur Folge haben.

Ein Staudamm in Kombination mit einer Gewichtsstaumauer bilden das Absperrbauwerk der Staustufe. Die Höhe der Betonmauer beläuft sich auf 8,6 Meter und sie hat eine Länge von 59 Metern. Mit dem Damm beträgt die geschätzte Gesamtlänge 120 Meter. Während einer Grundsanierung im Jahr 2011 wurde zudem eine Fischtreppe gebaut, welche es den Fischen ermöglicht, die Mauer zu überwinden.

Zur Geschichte lässt sich sagen, dass der Beyenburger Stausee den um 1900 erbauten Ausgleichweiher Beyenburg vergrößern sollte, welcher seiner Aufgabe als Hochwasserschutzanlage nicht mehr gerecht werden konnte.

Der Beyenburger Stausee gilt heute als beliebtes

Naturerholungsgebiet, welches von Spaziergängern, Anglern und Wassersportfreunden aufgesucht und genutzt wird.

Während der Sommermonate dient die Talsperre zudem als Badesee, was offiziell aufgrund tieferer Strömungen aber nicht erlaubt ist. Ein kleines Wasserkraftwerk in unmittelbarer Nähe sorgt zudem für Strom. Am östlichen Seeufer befinden sich mehrere Kanuvereine, welche dort ihre Vereinshäuser haben. Darunter fallen z. B. der Wuppertaler Kanu-Club und die Wuppertaler Paddler-Gilde. Außerdem findet man noch Vereine, die den See für Rudersport oder Kanupolo nutzen. Vor wenigen Jahren hat sich zudem das jährlich stattfindende Bergische Drachenbootrennen etabliert, welches viele Besucher an den Stausee zieht.

Die fast ebenen und kaum befahrenen Wege rund um den Stausee laden Radfahrer und Spaziergänger ein, auch durch die Straßen der Beyenburger Altstadt zu fahren bzw. zu gehen. Auf dem Bergrücken östlich des Stausees befindet sich die Klosterkirche St. Maria Magdalena, welche eines der am häufigsten fotografierten Motive Wuppertals ist. Direkt neben der Kirche befindet sich ein Kloster mit einem eigenen Pflegedienst, in welchem der einzige verbliebene Mönch des Kreuzherrenordens ebenfalls mitarbeitet. Etwas weiter unterhalb der Kirche gelegen, am Stausee, befindet sich zudem noch der Schützenplatz Beyenburgs, auf welchem zu diversen Anlässen gut etwas los ist. Im Herbst findet dort z. B. das Schützenfest statt, welches unter anderem durch das Vogelschießen und durch die musikalische Begleitung des Blasorchester Oberbarmen 1921 e.V. geprägt ist.

Egal, ob Sie mit dem Fahrrad fahren oder zu Fuß gehen, der Beyenburger Stausee und seine direkte Umgebung haben eine Menge schöner Plätze zu bieten, die zum Entspannen, Picknicken oder einfach nur zum Naturgenießen einladen. Wenn Sie gerne einen Tag in der Natur am Stausee verbringen wollen, sollten Sie diesen Fleck in Wuppertal unbedingt aufsuchen.

Insider-Tipps

Neben den Sehenswürdigkeiten, die man in Wuppertal besuchen sollte, gibt es noch ein paar Insider-Tipps, die Ihnen so nicht direkt zufallen, sofern Sie nicht explizit nach ihnen fragen oder suchen. Vorab möchte ich noch hinzufügen, dass die Bewertungen und Nennungen auf meinen persönlichen Erfahrungen basieren, die nicht jeder unbedingt teilen muss, da jeder bekanntlich einen anderen Geschmack hat. Jedoch habe ich mich bei vielen Empfehlungen vorher auch in Bekanntenkreisen umgehört und im Internet recherchiert, um Ihnen nach Möglichkeit nichts entgehen zu lassen.

Zunächst werde ich mich mit Restaurants, Gaststätten und Imbisse beschäftigen und Ihnen einige vorstellen.

INTERNATIONALE KÜCHEN IN WUPPERTAL

Italienische Küche – Königshöhe. Das Restaurant befindet sich in Elberfeld und bietet eine große Vielfalt der italienischen Küche an. Von Pizza über Pasta bis viele andere Leckereien ist alles dabei.

Türkische Küche – Alaturka. Hier finden Sie ein Restaurant, welches eine Vielzahl von mediterranen Gerichten und ein sehr großes Angebot für Brunch und Dinner aufweist. Es befindet sich ebenfalls in Elberfeld.

Japanische Küche – NOI: Es befindet sich in Elberfeld und bietet Ihnen nicht nur geschmacklich hervorragendes Sushi, sondern auch traditionelle À-la-carte Gerichte. Zusätzlich punktet es mit einem günstigen Mittagstisch bei den Gästen. Zudem gibt es zu jedem Mittagsgericht eine Miso- Suppe und einen Tee dazu.

Gehobene mediterrane Küche – San Leo: Falls

Sie Appetit auf „etwas anderes" haben, sollten Sie hier unbedingt die Speisen ausprobieren. Der Service ist erstklassig und die sind auf eine besondere Art angerichtet. Wer offen für außergewöhnliche Kreationen, ein schönes Ambiente und einen sehr guten Geschmack ist, sollte hier unbedingt einmal Essen gehen.

Mitteleuropäische Küche – Brasserie: Es zeichnet sich durch die Kombination verschiedener und außergewöhnlicher Zutaten aus. Die drei- bis sechs-Gänge-Menüs ziehen viele Gäste an. Das Restaurant befindet sich im Stadtteil Wuppertal Barmen.

Deftige Hausmannskost – Bergischer Grill: Von Schnitzel über Kartoffelsalat bis zu Leber finden Sie hier alles. Hier gibt es eine sehr große Auswahl an deftigen Speisen. Bekannt ist der Bergische Grill unter anderem für seine Reibeplätzchen und Pfannkuchen, welche sogar nach Schwebebahnstationen benannt sind. Für die Gäste, die keine Lust haben, aus dem Haus zu gehen, gibt es auch die Möglichkeit, zu bestellen. Auch Cocktails werden geliefert.

Mexikanische Küche – Enchilada: Es befindet sich in Elberfeld in der alten Papierfabrik und ist mit das beste Restaurant, welches ich in der Stadt gefunden habe. Hier gibt es leckere Tacos, Burritos und Fajitas. Neben traditionellen Gerichten gibt es auch andere leckere Alternativen wie Burger oder Bowls. Nicht zu unterschätzen sind die vegetarischen Gerichte. Da hier aber vor allem abends viele Gäste sind, ist es ratsam, im Voraus einen Tisch zu bestellen.

Deutsche Küche – Kriegsfuß: Dieses Restaurant befindet sich in Elberfeld und hat ein gutes Angebot sowohl für Vegetarier und Veganer als auch für Fleischliebhaber. Sie können auf der Speisekarte viele Gerichte von deftig bis scharf finden, welche immer top angerichtet sind und sehr gut schmecken.

An dieser Stelle möchte ich mit einigen Fragen fortfahren, die oft gestellt werden. Auch hier sind Meinungsverschiedenheiten zu beachten, da andere Leute einen anderen Geschmack haben können.

WO FINDEN SIE DIE BESTEN BURGER IN DER STADT?

Die besten Burger habe ich derzeit bei Hans im Glück und bei Foodbrothers gegessen. Hans im Glück bietet eine ruhigere Atmosphäre und ist eher ein Restaurant, in welchem Sie auch andere Speisen finden. Hingegen ist Foodbrothers ein Burgerladen einer Kette. Bei beiden Läden sind die Burger sehr lecker und echt zu empfehlen. Sie befinden sich im Zentrum Elberfelds.

WO FINDE ICH DIE BESTE CURRYWURST?

Ich verweise Sie an dieser Stelle auf den Imbiss Fridau am Haken hin, welcher sich im Elberfelder Stadtteil Uellendahl befindet. Seit Generationen werden die besten Rezepte weitergegeben und wir sind jedes Mal aufs Neue begeistert, wie lecker die Currywurst ist. Die traditionsreiche deutsche Küche hat aber noch mehr zu bieten als Burger oder Schnitzel. Auch hier findet sich für jeden Gast ein Leckerbissen.

WELCHER IST DER BESTE IMBISS?

Neben dem zuvor erwähnten Imbiss Fridau am Haken kann ich den Imbiss Helmig in Wuppertal Barmen sehr empfehlen. Hier finden Sie neben Currywurst und Pommes auch Hähnchen und verschiedene Salate. In ganz Wuppertal ist dieser Imbiss für seine leckeren Hähnchen bekannt und einige Gäste kommen vom anderen Ende Wuppertals, nur um diese hier essen oder mitnehmen zu können.

WO GIBT ES DAS BESTE BIER IN WUPPERTAL?

Das beste Bier gibt es nach wie vor im Wuppertaler Brauhaus in Barmen. Das einzigartige Wuppertaler Bier wird von einem eigenen Brauer direkt hier gebraut und es werden nur sorgfältig ausgewählte Rohstoffe verwendet, was die Voraussetzung für die gleichbleibend hohe Qualität ist. Zusätzlich zum Bier gibt es noch kulinarische Genüsse und Kleinigkeiten. Es besteht die Möglichkeit, drinnen zu sitzen oder im Sommer den Biergarten außerhalb aufzusuchen.

Falls es sich bei Ihnen nicht nur um Tipps für leckeres Essen handeln soll, folgen hier noch weitere

Vorschläge.

Als Aussichtspunkt, welcher nicht zu den Sehenswürdigkeiten gehört, kann ich Ihnen den Eingang des Gartenvereins am Springen empfehlen, welcher sich an der oberen Lichtenplatzer Straße befindet. Von hier aus haben Sie eine sehr gute Aussicht über Wuppertal Barmen und angrenzende Stadtteile. Besonders schön ist die Aussicht, wenn es draußen dunkel ist und alle Häuser beleuchtet sind.

Eine ebenso schöne Aussicht bietet der Nordpark in Wuppertal Wichlinghausen. Der sogenannte Sky-Walk ist eine kleine Plattform, die eine grandiose Aussicht bietet. Zudem kann man im Nordpark wunderbar spazieren gehen, die Rehe im Wildgehege füttern, auf einem Spielplatz/ Fußballfeld/ Basketballplatz spielen oder einen kleinen Fitnessparkour machen. Auch hier ist für Jung und Alt etwas zu finden. Im Winter kann man auf der großen Wiese gut Schlitten fahren und im Sommer auf den Parkbänken sitzen und die Sonne genießen.

Wenn Sie gerne etwas Sportliches unternehmen wollen, kann ich den Rainbowpark am Dönberg in Wuppertal empfehlen. Hier kann man wunderbar

Bowlen, Kegeln, Squash, Billard und vieles mehr spielen. Direkt vor dem Gebäude gibt es einen großen Parkplatz, aber auch eine gute Busverbindung. Sie können in der Gastronomie im Erdgeschoss auch etwas essen und trinken. Wenn Sie im ersten Geschoss Bowlen oder Billard spielen, können Sie dort ebenfalls eine Kleinigkeit essen oder trinken. Zudem gibt es einen kleinen Indoor-Spielplatz für Kinder, auf dem diese sich austoben können. Falls Sie die Kinder auspowern und sich dabei ausruhen wollen, können Sie zur Upsalla Kinderwelt gehen oder fahren. Diese befindet sich im Stadtteil Nächstebreck. Upsalla ist ein großer Indoor-Spielplatz für Kinder mit Trampolinen, Kletterburgen, Klettergerüst und vielem mehr. Auch hier besteht die Möglichkeit, sich vor Ort Essen und Trinken zu bestellen. Auch den Kindergeburtstag können Sie hier feiern.

Möchten Sie es lieber ruhiger angehen und sich einen entspannten Nachmittag oder Abend im Kino oder im Theater machen? Für Kinobesuche bieten sich das Cinemaxx Wuppertal in Elberfeld oder das Cinema in Wuppertal Barmen an. Die aktuellen Filme laufen hier in Kinosälen mit neuen Sesseln. Sonntags zahlen die Erwachsenen, welche in

Begleitung eines Kindes sind, nur den Kinderpreis.

Bevorzugen Sie das Theater, gibt es in Elberfeld das Rex-Theater. Natürlich können Sie sich ansonsten auch das Programm in der Oper oder der historischen Stadthalle ansehen. Die Karten dafür sollten Sie jedoch im Voraus kaufen.

Sie lieben Action und wollen viel Spaß haben? Dann sollten Sie unbedingt einen oder mehrere Escape-Rooms in Wuppertal aufsuchen. Hier können Sie in einer kleinen Gruppe (meist 2-6 Spieler) unter Zeitdruck Rätsel lösen, um zu gewinnen und den Raum zu verlassen. Die Escape-Rooms gibt es mit verschiedenen Themen, von einer Zauberschule über Sherlock Holmes bis hin zur Flucht aus Alcatraz ist alles dabei. Sind Sie und Ihr Team gut genug, alle Rätsel innerhalb der Zeit zu lösen? Finden Sie es heraus! Von Anfänger bis Profi ist für alle ein geeigneter Schwierigkeitsgrad dabei.

Oder wie wäre es mit einem Besuch in einem Jumphouse, in dem Sie in einer großen Halle voller Trampoline herumhüpfen können? Es gibt auch die Option, in Wuppertal Lasertag zu spielen. Dafür bietet sich der Laser Plex in Wuppertal Barmen an. Ob mi Freunden, mit der Familie oder mit anderen

Menschen – Spaß werden Sie hier auf jeden Fall haben. Jedoch sollten Sie daran denken, Sportsachen oder Anziehsachen zum Wechseln mitzunehmen, da man schnell ins Schwitzen kommt.

Wenn Sie gerne in dosierter Form Sport machen wollen, gibt es auch noch die Möglichkeit, Minigolf zu spielen. Entscheiden können Sie hier zwischen einer Outdoor-Anlage an der oberen Lichtenplatzer Straße oder einer Indoor-Anlage mit Minigolf im Schwarzlicht in der alten Papierfabrik in Wuppertal Elberfeld. Beide Anlagen sind sehr gut gepflegt und in Stand gehalten, damit der Spielspaß nicht verloren geht. Fordern Sie Ihre Freunde oder Ihre Familie doch einmal zu einem kleinen Wettstreit heraus. Der Verlierer zahlt dann die nächste Runde oder das Getränk.

Ein kleiner Geheimtipp für Kunstbegeisterte ist die Universitätsgalerie Oktogon. Ein kleiner achteckiger Pavillon steht seit 2017 mitten im Klophauspark. Die Galerie überzeugt mit modernen, ausgefallenen Ausstellungen und musikalischen Darbietungen.

Ein weiteres Ausflugsziel, das auf jeden Fall familienfreundlich ist, ist das Arboretum im

Waldgebiet Burgholz. Auf etwa 200 ha erstrecken sich mehr als 100 Nadel- und Laubbaumarten aus aller Welt. Die unterschiedlichen Routen bieten eine große Bandbreite an informativen Inhalten, die Sie sich auf Ihr Smartphone laden können.

Empfehlenswert sind außerdem die Workshops und die organisierten Ausflüge des Waldpädagogischen Zentrums, bei welchen Sie bestimmt etwas Neues lernen und viel Spaß haben werden.

Wenn Sie das Wuppertaler Nachtleben kennenlernen möchten, kann ich Ihnen neben den Clubs noch ein paar Orte empfehlen, die nicht jeder in Wuppertal kennt.

Zunächst möchte ich Ihnen die Location „das LOCH" vorstellen. Im Vorraum finden hochkarätige Partys und mitreißende Konzerte statt. Im hinteren Bereich hingegen finden Sie eine offene und helle Galerie mit wechselnden Ausstellungen. Das LOCH ist nicht nur Bar, Party und Heimspielstätte des Jazz Clubs Wuppertal, sondern viel mehr. Es ist ein Raum für Kultur und Kunst.

Als nächstes gibt es das Chili Royal. Es begeistert nicht nur die zahlreichen Stammgäste, sondern wird auch von vielen Studenten besucht. Hier kann jeder gepflegt sein Bier bei guter Rockmusik genießen. Montags und mittwochs können Sie mit dem Barkeeper um Ihr Bier würfeln und freitags gibt es Bier zum Sonderpreis, welcher stündlich steigt.

Die Atmosphäre ist sehr angenehm und wird als „Kneipe des gesunden Durstes, Billards und der guten Laune" beschrieben. Das Chili Royal sollte auf Ihrer To-Do-Liste für Wuppertal stehen.

Das Motto des nächsten Clubs, den ich Ihnen vorstellen möchte, lautet „klein, aber fein". Es geht um die Mauke. Sie ist bekannt für ihre elektronische Tanzmusik, jedoch kommen hier auch Reggae- und Hip-Hop-Fans auf ihre Kosten. Wie der Name Mauke schon verrät, stehen hier Tanzen und Schwitzen im Vordergrund. Dieser Club ist sehr zu empfehlen, wenn Sie nicht gerne in Clubs gehen, die sehr groß und überfüllt sind. Auch, wenn die Mauke klein ist, schadet das der Qualität überhaupt nicht. Überzeugen Sie sich selbst!

Für die Spontanen kann ich noch das Luisenviertel in Elberfeld empfehlen. Hier gibt es diverse Cafés, Bars und Restaurants. Für jeden Geschmack ist etwas dabei.

Beliebt unter den Wuppertalern sind z. B. das

Katzengold, Café du Congo, Alaturka, die Viertelbar, das Köhlerliesel und das Café Laurenz. Vor allem am Wochenende trifft man in diesem Viertel Wuppertals auf viele junge Leute.

Das waren die Insidertipps aus Wuppertal mit Cafés, Restaurants, Imbissen und vielen weiteren Möglichkeiten für diverse Aktivitäten. Für weitere Informationen zu den einzelnen Läden oder Gebäuden können Sie diese auch sehr gut im Internet finden und dort auch ggf. im Voraus einen Tisch bestellen, damit Sie auf jeden Fall einen Platz bekommen.

Tipps für den kleinen Geldbeutel

Urlaub und Freizeit sind oft mit vielen Ausgaben verbunden, aber nicht jeder hat immer viel Geld, welches er für Aktivitäten ausgeben kann und möchte. Da ich mich in der Stadt sehr gut auskenne, habe ich eine Liste zusammengestellt mit Tipps und Ideen/Vorschlägen, falls Sie einmal nicht so viel Geld zur Verfügung haben oder ausgeben wollen.

Foodsharing im Café Tacheles:

Durch Foodsaver werden Lebensmittel vor dem Abfalleimer gerettet und zu sogenannten Foodsharing-Plätzen gebracht. Einer befindet sich im Café Tacheles an der Rudolfstraße. Die geretteten Lebensmittel werden für andere kostenlos zur Verfügung gestellt, damit sie nicht in den Müll wandern müssen. Jeden Mittwoch zwischen 14 und 17 Uhr findet hier Foodsharing statt.

Im Café Hutmacher an der Miker Straße gibt es den „Fairteiler", welcher zu den regulären Öffnungszeiten genutzt werden kann. Auch hier findet Foodsharing meist montags, mittwochs, freitags und ggf. samstags von 18 bis 19:30 Uhr statt.

Weitere Anlaufstellen für Foodsharing ist das Café Stil Bruch sowohl in der Marienstraße als auch in der Simonstraße am Arrenberg.

Spaziergang im Grünen:

Wer sagt, dass Aktivitäten im Grünen Geld kosten müssen? In Wuppertal gibt es viele Parks und Grünflächen, auf denen man z. B. Ball spielen kann. Inmitten der Grünanlage Hardt finden Sie den Botanischen Garten, wo Sie sich eine große Menge verschiedenster Pflanzen ansehen können. Von Kakteen über Blumen und Bäume bis hin zu Kräutern und fleischfressenden Pflanzen ist alles dabei. Es gibt zudem auch Fischteiche, die man sich ansehen kann. Auf der Hardt gibt es auch einen Spielplatz, den Sie mit Ihren Kindern nutzen können.

Der Nordpark eignet sich ebenfalls hervorragend für einen Ausflug ins Grüne. Auch hier gibt es einen Spielplatz und große Wiesen. Wer mag, kann auch die Rehe im Wildgehege füttern, auf dem Fußball- oder Basketballplatz spielen oder den Fitnessparkour absolvieren. Weitere beliebte Grünanlagen sind auch der Vorwerkpark, die Wupperwiesen und die Gegend rund um den Beyenburger Stausee. Auf jeder dieser Grünanlagen haben Sie die Möglichkeit, ein Picknick zu machen oder sich auf den Bänken auszuruhen und einfach die Natur zu genießen.

Sehenswürdigkeiten besuchen:
Passend zum Spaziergang im Grünen haben Sie auch die Möglichkeit, sich die Sehenswürdigkeiten Wuppertals anzuschauen. Bei manchen muss man noch ein Ticket kaufen, um damit zu fahren oder auf die Aussichtsplattform gehen zu können, jedoch sind die Preise gering. Wer dennoch nichts ausgeben möchte,

kann sich die Sehenswürdigkeiten trotzdem aus der Nähe ansehen und z. B. Fotos machen.

Es bieten sich hierfür fast alle in Kapitel 4 genannten Sehenswürdigkeiten an. Im Folgenden werde ich noch einmal einige davon aufzählen:

Die bergische Museumsbahn, das Elberfelder Rathaus, der Vorwerkpark, Schloss Lüntenbeck, der Elisenturm auf der Hardt, das Barmer Rathaus, der Sky-Walk im Nordpark, die Schwebebahn, der Toelleturm, der Beyenburger Stausee, der Aussichtspunkt im Kalkwerk Dornap, der Von-der-Heydt-Turm und der Weyerbuschturm. Eine weitere Empfehlung an dieser Stelle ist auch der Astropfad, welcher in Barmen an der Kugel, welche die Sonne darstellen soll, beginnt und sich über einer Länge von ca. 11 km bis nach Vohwinkel erstreckt. Die insgesamt 14 Bronzeplatten zeigen die neun Planeten, den Mond und die vier großen Jupitermonde.

Monumente und Statuen:

In Wuppertal sind viele Bronzestatuen zu finden, die zum einen Tiere und zum andere berühmte Personen aus Wuppertal zeigen. In der Regel gibt es zu den Figuren jeweils noch eine kleine Infotafel. Sie können sich deren Entdeckung zur Aufgabe machen, ein paar Beispiele hierfür wären der Bronzeelefant Tuffi (Barmen), der Zuckerfritz (Elberfeld), Mina Knallenfalls (Elberfeld), der Ritter von Elberfeld, Husch (Barmen), die Skulpturengruppe Schildkröten (Barmen), das Bismarck-Denkmal, die Skulptur „ein neuer erfolgreicher Morgen" (ugs. Handstandmann) und die Skulptur „I'm alive". Mit bzw. durch die Statuen und Monumente können Sie eine Menge über die Geschichte Wuppertals erfahren.

Fahrradtour:
Dass eine Fahrradtour nichts oder nur wenig kostet, ist für die meisten nichts Neues. Was ist aber, wenn man die Fahrräder nicht ins Auto bekommt oder mit dem Zug anreist? Ein Fahrradverleih nimmt in der Regel keine Unsummen, jedoch habe ich hier eine Möglichkeit für Sie, das Ganze kostenlos zu machen.

An der Nordbahntrasse finden Sie im Bereich Mirke den alten Bahnhof Blo, bei welchem Sie auch essen und bouldern können. Sie können sich hier auch Fahrräder leihen, die vielleicht nicht mehr die neuesten, aber komplett verkehrssicher sind. Dafür müssen Sie nur einmal Ihren Personalausweis, um Ihre Daten zu erfassen, und ca. 20 € Pfand abgeben. Wenn Sie die Räder wieder zurückbringen, bekommen Sie das Pfandgeld komplett erstattet. Dementsprechend können Sie die Stadt mit dem Fahrrad erkunden und müssen dafür kein Geld ausgeben.

Natürlich gibt es auch noch weitere Orte, an denen Sie sich ein Fahrrad ausleihen können, Sie müssen dann jedoch meistens eine geringe Summe zahlen.

Villen-Viertel:
Entgegen mancher Erwartungen gibt es in Wuppertal zahlreiche schöne Villen. Die meisten stammen aus der Zeit der Industrialisierung im späten 19. Jahrhundert. Viele der Villen stehen heute unter Denkmalschutz. An erster Stelle steht das größte zusammenhängende Villenviertel Deutschlands, das Briller Viertel. Die etwa 250 Villen sind meistens in Hanglage errichtet worden und die Wege hier sind steil und bergig. Auch, wenn fast alle Villen in Privatbesitz sind und man diese nur von außen ansehen kann, ist es dennoch einen Besuch wert. Für diejenigen, die gerne eine Villa von innen sehen und darin schlafen möchten, empfehle ich die Park Villa, in welcher sich ein 4-Sterne-Hotel befindet.

Weitere Ausflugsziele außerhalb Wuppertals:
Auch in der nahen Umgebung Wuppertals finden sich einige schöne Plätze, die Sie besuchen sollten. Darunter fallen z. B. Schloss Burg in Solingen, der Müngstener Brückenpark und die Kluterthöhle in Ennepetal.

Abschließende Worte

An dieser Stelle möchte ich mich bei Ihnen bedanken, dass Sie dieses Buch gekauft und gelesen haben. Ich hoffe, es hat Ihnen gefallen und Sie konnten für sich und Ihren Urlaub oder Ausflug ein paar Inspirationen mitnehmen. Wuppertal ist eine schöne, grüne Großstadt, welche viele Möglichkeiten bietet. Wie in jeder Stadt gibt es auch Ecken, die nicht unbedingt schön sind, aber dafür habe ich Ihnen hier umso mehr die schönen Orte und Plätze aufgelistet. Ich würde mich freuen, wenn Sie die Orte, die Sie aufsuchen, in guter Erinnerung behalten und die Stadt und dieses Buch an Freunde und Verwandte weiterempfehlen. In diesem Sinne wünsche ich Ihnen einen wunderschönen Aufenthalt in Wuppertal!

Packliste

Geld & Finanzen

O (evtl.) Auslandswährung
O Bargeld
O Bauchtasche
O Brustbeutel
O Bauchtasche
O EC-Karte
O Kreditkarte
O Notfall-Telefonnummern der Banken
O Portmonee

Hygiene

O Haarbürste / Kamm
O Deo (klein)
O Shampoo
O Kulturtasche
O Sonnencreme
O Taschentücher

O Reise-Zahnbürste und Zahnpasta
O Verhütungsmittel

Kleidung

O Badeklamotten
O Gürtel
O Hosen kurz / lang
O Mütze / Cap / Hut
O Pullover
O Regenjacke
O Schlafanzug
O Socken
O Sonnenbrille
O Sportklamotten / Jogginghose
O T-Shirts
O Unterwäsche

Medikamente

O Blasenpflaster
O Anti-Durchfalltabletten
O Erste-Hilfe-Set

O Fiebertabletten

O Fiebertabletten

O Mückenschutz

O sonstige Medikamente

O Pflaster

O Kopfschmerztabletten

Unterlagen & Papiere

O ADAC Unterlagen

O Adresslisten für Postkarten

O Krankversicherungsnachweis

O Stadtplan

O Führerschein

O Unterlagen für die Unterkunft

O Wasserdichte Hülle für Reiseunterlagen

O Impfausweis

O Mietwagenunterlagen

O Personalausweis

O Reisepass

O Reisetagebuch

O evtl. Studentenausweis

O evtl. Visum
O Zug- / Bahn- / Flugticket

Taschen & Rucksäcke

O Koffer / Trolley / Reisetasche
O Regenhülle für Rucksack
O Rucksack

Schuhe

O Badeschlappen / Hausschuhe
O Schuhe und Wechselschuhe

Sonstiges

O Brille / Kontaktlinsen und Etui
O Buch zum Lesen
O Ohrenstöpsel und Schlafmaske
O Regenschirm
O Reisedecke
O Wasserflasche
O Wörterbuch

Elektronik

O Digitalkamera

O Handy

O Ladekabel

O Kopfhörer

O evtl. Steckdosenadapter

O Power-Bank

Herstellung und Verlag:
BoD – Books on Demand, Norderstedt
ISBN: 9783750493322